Ernst Ferstl

ANSÄTZE

Aphorismen

AF221257

© 2021 Ernst Ferstl

Herstellung und Verlag:	BoD – Books on Demand, Norderstedt, 2021
ISBN:	9783754327968
Copyright Aphorismen:	Ernst Ferstl www.gedanken.at
Layout:	Angelika Ferstl

Jahre kommen und gehen,

unvergessliche Augenblicke

bleiben.

□□□

Menschen, die einander

gut verstehen,

hören einander besser zu.

□□□

Wer sich vorne und hinten

nicht mehr auskennt,

hat wahrscheinlich

seine Mitte verloren.

□□□

Dass viele Menschen

unberechenbar sind,

das muss man einkalkulieren.

Die Nachhaltig

vieler Vorurtei

lässt sich nicht ....n.

□□□

Manches bekommen

wir erst in den Griff,

wenn wir die Finger

davon lassen.

□□□

Bevor wir im Kreis gehen,

sollten wir uns lieber

gehen lassen.

□□□

Für Lügengebäude

sind Halbwahrheiten

die preiswertesten Fertigbauteile.

Manchen Leuten glaubt man

immer mehr

immer weniger.

□□□

Sein Herz ausschütten

sollte nicht dazu führen,

dass man sich

um Kopf und Kragen redet.

□□□

Hört man etwas läuten,

ist es noch zu früh, es an

die große Glocke zu hängen.

□□□

Mit den Schwarz-Weiß-Denkern

treibt es das Leben

besonders gern bunt.

Manche Leute gehen

mit ihrem Mangel

an Fingerspitzengefühl

äußerst verschwenderisch um.

◻◻◻

Menschen,

die wir zum Fressen

gernhaben dürfen,

versüßen unser Leben.

◻◻◻

Dem Vergnügen rennt man nach,

der Freude geht man entgegen.

◻◻◻

Was uns ins Auge springt,

ist schwer zu übersehen.

Menschen, die man nicht

ernst nehmen kann,

muss man mit Humor nehmen.

□□□

Wer sich gern schweigen

hört, redet nicht gern

darüber.

□□□

Das Interessanteste

an vielen Umwegen

sind die Aha-Erlebnisse.

□□□

Wenn man in einer Beziehung

nicht mehr aufeinander zugeht,

läuft etwas schief.

Gute Menschen
sind Brückenbauer
der Menschlichkeit.

□□□

Ist der Ehrgeiz einmal geweckt,
will er seine Träume
verwirklichen.

□□□

Im Laufe unseres Lebens
haben wir einiges auszuhalten,
vor allem uns selbst.

□□□

Ob sich eine Begegnung
zu einer Beziehung entwickelt,
entscheidet das Herz.

Zwei Supermächte,

an die wir uns gewöhnt haben:

die Macht der Gewohnheit

und die Macht des Gewöhnlichen.

□□□

Was uns fasziniert,

hat uns bereits überzeugt.

□□□

Was einem auf der Zunge liegt,

kann man schlucken

oder spucken.

□□□

Wenn uns etwas berührt,

bekommen wir das

auch zu spüren.

Für Freundschaften

gibt es keine Pflegeversicherung.

□□□

Denken schützt

vor Gedankenlosigkeit,

aber nicht

vor geistigen Dummheiten.

□□□

Menschen, die viel wissen,

sind mir viel lieber

als Alleswisser.

□□□

Unsere Augen können

viel besser reden

als unsere Ohren.

Will man sich in einen anderen

Menschen hineinversetzen,

muss man zuerst aus sich

herausgehen.

□□□

In der Natur spielt die Theorie

praktisch keine Rolle.

□□□

Wem es in erster Linie

ums Ansehen geht,

muss damit rechnen,

durchschaut zu werden.

□□□

Wer uns in den Ohren liegt,

ist schwer zu überhören.

Wenn man aus seinen Fehlern lernt,

wird man im Fehlermachen

immer besser.

□□□

Steigerung:

gescheit – gescheiter –

gescheitert – gescheiter

□□□

Auf dem Weg

zum Erreichen eines Ziels

ist jeder Schritt wichtig.

□□□

In einer Liebesbeziehung

sollte die Treue nicht

der springende Punkt sein,

sondern eher der ruhende Pol.

Schweigen

ist auch eine Möglichkeit,

seine Meinung zu sagen.

□□□

Die Mode

ist ein Spielball

des Zeitgeistes.

□□□

Unser Mund kann

viel besser lügen

als unsere Augen.

□□□

Je weniger wir miteinander

zu tun haben wollen,

desto mehr leben wir

nebeneinander her.

Es sich gutgehen zu lassen,

heißt nicht,

dass man sich gehen lässt.

□□□

Wir können auf Dauer nicht

gegen unsere Gedanken

und Gefühle leben.

□□□

Die innere Uhr lässt sich

nicht umstellen

und nicht aufziehen.

□□□

Je kleiner das Denkvermögen,

desto größer

die Lügenanfälligkeit.

Hat man zu viel auf dem Herzen,

fühlt man sich in der eigenen Haut

nicht mehr wohl.

□□□

Unglaubwürdigkeit

führt über kurz oder lang

zu einem Verlust an Anerkennung.

□□□

Eine kurze Langeweile

ist angenehmer

als eine Schrecksekunde.

□□□

Beim Denken

ist Magerkost beliebter

als auf der Speisekarte.

Ist der Gedankenhimmel
wolkenfrei, sind keine
Geistesblitze zu erwarten.

□□□

Wenn die Gletscher
weiter so stark schmelzen,
müssen wir uns bald
immer warm anziehen.

□□□

Die Vielsamkeit
ist manchmal
auch nicht besser
als die Einsamkeit.

□□□

Für die auf dem hohen Ross
Sitzenden ist hochtrabendes Getue
etwas ganz Normales.

Ein seichtes Leben

ist kein guter Boden

für tiefsinnige Gedanken.

□□□

Wer vor sich selbst

davonläuft,

kann anderen

nicht entgegenkommen.

□□□

Es gibt heutzutage viel mehr

gescheite Menschen als früher,

dummerweise gilt das auch

für die dummen.

□□□

Was nicht zu ändern ist,

müssen wir gar nicht verstehen.

Wer in aller Munde sein will,

darf es mit der Hygiene

nicht so genau nehmen.

□□□

Bei Menschen, die uns viel geben,

sollten wir zart im Nehmen sein.

□□□

Über Menschen mit einem

schlechten Ruf braucht man

nicht viel zu wissen –

das meiste kann man sich

ja denken.

□□□

Manches geht uns so nahe,

dass wir das Gefühl haben,

dass das zu weit geht.

Manche Leute sind

nur auf den Arm genommen

zu ertragen.

□□□

Kleindenker haben

ein typisches Denkmuster:

kleinkariert.

□□□

Große Vorfreude

schützt nicht

vor großen Enttäuschungen.

□□□

Mit allen Wassern

gewaschen zu sein,

ist kein Schutz gegen eine

unsaubere Gesinnung.

In der Schule des Lebens

ist es wichtig, dass wir

auch die unvorhergesehenen

Prüfungen gut schaffen.

□□□

Sich über alles aufzuregen,

ist kein Zeichen von Intelligenz.

□□□

Wickelt uns jemand um den Finger,

kann es leicht sein, dass wir

irgendwann durch die Finger

schauen.

□□□

Antworten kann man

leichter ausweichen

als Fragen.

Die viel versprechen,

haben große Angst davor,

dass man sie

beim Wort nimmt.

□□□

Dass beim Loben

auch viel gelogen wird,

ist nicht lobenswert.

□□□

Nette Worte machen

einen guten Eindruck,

sind aber wenig ausdrucksstark.

□□□

Wer bewusst übers Ziel

hinausschießt, trifft meistens

auch ein paar Unschuldige.

Die nicht bis drei zählen können,

müssen immer

mit dem Schlimmsten rechnen.

□□□

Fliegt man auf einen Menschen,

der einen Vogel hat,

wachsen einem Flügel.

□□□

Gut, dass wir im Traum

nicht wissen,

dass wir träumen.

□□□

Ein Gedanke,

der nicht einleuchtet,

wird nie eine zündende Idee.

Manche Leute haben zwar

ein auffallendes Profil,

aber auffallend wenig Charakter.

□□□

Die Liebe braucht Freiräume,

damit sie sich spielend

entwickeln kann.

□□□

Was immer wieder

aufgewärmt wird,

lässt einen irgendwann

kalt.

□□□

Wer das Richtige sagt,

braucht nicht viel reden.

Sie fragen, wie es uns geht,

und meinen,

wie es um uns steht.

▢▢▢

Wer sich weniger Zeit

stehlen lässt,

hat mehr Zeit für sich.

▢▢▢

Die Kunst eines Aphorismus:

ins Schwarze treffen,

ohne jemanden anzuschwärzen.

▢▢▢

Wir müssen im Leben

des Öfteren aufhören,

bevor wir fertig sind.

Wir glauben, alles in unserem Leben
in der Hand zu haben – und schauen
doch oft genug durch die Finger.

□□□

Gefühle haben fast immer
etwas Überraschendes
an sich.

□□□

Der Fortschritt darf vieles
hinter sich lassen,
nur nicht die Menschlichkeit.

□□□

Erklärungsversuch:
Manchmal kommt man zu kurz,
weil man zu weit gegangen ist.

Der Mensch unterscheidet

sich vom Affen, dass er sich

zum Affen machen kann.

□□□

Auch bei Selbstgesprächen

sollte man sich gut überlegen,

was man sagt.

Der innere Schweinehund hört mit.

□□□

Glück und Unglück

haben eine eigene Zeitrechnung.

□□□

Gedankenlosigkeit

ist ein Zeichen von

Geistlosigkeit.

Die Wahrheitsliebe mancher Leute

reicht gerade noch bis zu den

Halbwahrheiten.

□□□

Hinter dem Heiligenschein

der Scheinheiligen sieht es

meistens ziemlich finster aus.

□□□

Gerät jemand außer sich,

sieht man ganz deutlich,

was in ihm steckt.

□□□

Man muss sich immer wieder

auf den Weg machen,

wenn man seinen eigenen Weg

gehen möchte.

Wer viel Wind macht,

muss damit rechnen,

dass jemand den Windschatten

ausnutzt.

□□□

Ein Ja verpflichtet

mehr als ein Nein.

□□□

Manche hören nur mit einem Ohr zu,

weil sie das andere

zum Weghören brauchen.

□□□

Heutzutage braucht man sich

nicht mehr anzupassen,

es genügt, wenn man immer

und überall flexibel ist.

Gewohnheiten sind bequeme Sessel,

die immer dort stehen,

wo wir sie haben wollen.

☐☐☐

Schlechtes Wetter

ist ein besseres Gesprächsthema

als ein gutes.

☐☐☐

Erfahrungen, die man nicht

gemacht hat, fehlen einem

irgendwann.

☐☐☐

Das Verhalten unguter Zeitgenossen

können wir nicht ändern,

sehr wohl aber unser Verhalten

ihnen gegenüber.

Die hinter uns stehen,

sehen nicht,

was sich vor uns abspielt.

□□□

Zu viel Überflüssiges im Leben

bringt unsere Ausgeglichenheit

durcheinander.

□□□

Auch das Gute

wirft einen Schatten.

□□□

Das Absinken

des geistigen Niveaus

führt zu einem Überfluss

an Unsinnigkeiten.

Selbstzufriedene Zeitgenossen

sind oft schwerer zu ertragen

als unzufriedene.

◻◻◻

Die Gleichgültigkeit

kennt keine Grenzen.

◻◻◻

Die meisten Menschen

sind lieber unter sich

als bei sich.

◻◻◻

Wer zwei linke Hände hat,

kann trotzdem

ein guter Theoretiker sein.

Von dem, was man

nicht braucht,

gibt es immer zu viel.

□□□

Gelegentlich muss man

ein Zeichen setzen,

indem man einen Punkt macht.

□□□

Gelegenheiten zur Besinnung

ergeben sich nicht zufällig,

sie wollen wahrgenommen werden.

□□□

Der Wert einer Unterhaltung

liegt in der Unterhaltung

und sollte deshalb nie

überbewertet werden.

Der Weg der Mitte

ist nicht der Weg

der Mittelmäßigkeit.

□□□

Wer sich das Leichte

schwer macht,

hat es nicht leicht im Leben.

□□□

Charakterlosigkeit

scheint bei manchen Leuten

angeboren zu sein.

□□□

Was kostbar ist,

kostet sehr viel

oder gar nichts.

Die gefühlte Zeit

hat keine Uhrzeiger.

□□□

Sonntage

sind wichtige Zeitinseln

im Meer der Alltäglichkeit.

□□□

Zufriedenheit und Dankbarkeit

sind die besten Schulen

füreinander.

□□□

Gleichgültigkeit ist oft

schwer zu ertragen,

aber sie macht einiges

erträglicher.

Mein innerer Schweinehund

ist kerngesund, er war

noch nie beim Tierarzt.

□□□

Schießt uns ein Gedanke

durch den Kopf,

schießt er oft übers Ziel.

□□□

Das Wort wenig

kann wenig dafür,

dass es wenig geschätzt wird.

□□□

Wer mit schlechtem Beispiel

vorangeht, meint es

nicht gut mit uns.

Nicht zu wissen, was man will,

erhöht die Gefahr, genau das

zu bekommen, was man

nicht will.

□□□

Die alles satt haben,

hungern nach Sinn.

□□□

Zuwendung lässt sich nicht

durch Zuwendungen

erschleichen.

□□□

Ein Ziel kann ins Auge gehen,

wenn man nicht

auf den Weg schaut.

Was uns belastet,

wird mit der Zeit lästig,

wenn wir keine Lösung

finden.

□□□

Das Herzdenken

ist keine leichte Übung.

□□□

Gibt es

mehr Geisteskranke

oder Gefühlskranke?

□□□

Nimmt das Denken ab,

nimmt die Gedankenlosigkeit

zu.

Denkanstöße

können ein Kopfschütteln

oder ein Kopfnicken auslösen.

□□□

Wer immer gewinnen muss,

ist oft ein Spielverderber.

□□□

Gutmütigen Menschen fehlt

oft der Mut, für andere

eine Zumutung zu sein.

□□□

Selbst wenn man

mit allem rechnet,

geht die Rechnung

nicht immer auf.

Wer Niederlagen

gut wegstecken kann,

hat mehr Platz

für zukünftige Erfolge.

◻◻◻

Wer uns im Nacken sitzt,

steht uns wenigstens

nicht im Weg.

◻◻◻

Moralapostel glauben,

allen predigen zu dürfen.

◻◻◻

Das Loslassenkönnen

kann ein wichtiger Schritt

nach vorn sein.

Wer weiß,

was sich gehört,

gehört gelobt.

□□□

Jeder Neuanfang

hat eine Vorgeschichte.

□□□

Wer auf einen Menschen

abfährt,

braucht eine Fahrerlaubnis,

sonst gibt es eine Abfuhr.

□□□

Wenn uns etwas bewusst wird,

merken wir uns das länger.

Eine Verfehlung

ist ein Fehler,

für den man büßen muss.

□□□

Die nichts für den Geist tun,

tun sich damit nichts Gutes.

□□□

Wir fühlen,

wo wir hingehören, aber

wir wissen manchmal nicht,

wie wir dort hinkommen.

□□□

Viele wollen den Ton angeben,

aber nur wenige

die zweite Geige spielen.

Der Wohlklang
schöner Worte kann
falsche Hoffnungen wecken.

□□□

Wer viel jammert,
verzweifelt wenigstens
noch nicht.

□□□

Wenn wir uns in Sicherheit wiegen,
sollten wir schauen,
ob wir nicht von jemand
verschaukelt wurden.

□□□

Wer oft aus der Haut fährt,
sollte sich ein dickeres Fell
zulegen.

Wer im Schatten steht,

sollte schauen, ob er nicht

hinters Licht geführt wurde.

☐☐☐

Heimat ist dort,

wo man alle Wege

kennt.

☐☐☐

Die Dreck am Stecken haben,

stecken gern mit ihresgleichen

unter einer Decke.

☐☐☐

Rücksichtnahme

lässt sich nicht

rücksichtslos durchsetzen.

Die Rechenstärke

mancher Leute ist,

dass sie sich immer

zu ihren Gunsten verrechnen.

◻◻◻

Menschen mit einem Vogel

sind nie ganz allein.

◻◻◻

Eine Lieblingsbeschäftigung

ausgekochter Zeitgenossen:

Anderen die Suppe versalzen.

◻◻◻

Wörter sind noch keine Worte,

Worte sind noch keine Taten.

Unseren Gedanken sind wir

meistens gewachsen,

unseren Gefühlen

manchmal nicht.

□□□

Auch farblose Menschen

können rot oder schwarz

sehen.

□□□

Freude ohne Dankbarkeit

ist nur ein kurzes Vergnügen.

□□□

Auch Lob und Tadel

sind Urteile.

Ich finde, wir sollten gelegentlich auch dort suchen, wo wir nichts verloren haben.

□□□

Es gibt keinen Zufall,
aber gelegentlich ist er
einfach notwendig.

□□□

Für dumm verkauft zu werden,
ist eine zu teuer
bezahlte Erfahrung.

□□□

Gedanken aus einem leeren Hirn sollte man nicht für voll nehmen.

Was wir

in unserem Leben säen,

das blüht uns irgendwann.

□□□

Wer richtig denkt,

macht weniger falsch.

□□□

Was uns ausgesprochen

unangenehm ist,

verschweigen wir lieber.

□□□

Es ist für alle ein Glück,

dass Glück für jeden

etwas anderes bedeutet.

Die Holz- und Feldwege des Denkens

sind interessanter

als die Autobahnen des Zeitgeistes.

□□□

Wer jemand anbetet,

muss auch damit rechnen, dass

irgendwann Opfer zu bringen sind.

□□□

Wer sich selbst treu bleibt,

steht gelegentlich

ziemlich allein da.

□□□

Es ist alles andere als leicht,

sensibel, aber nicht

überempfindlich zu sein.

Was auf uns wirkt,

hinterlässt seine Spuren.

□□□

Die Schadenfreude

ist bei manchen Leuten

eine beliebte Form

von Anteilnahme.

□□□

Anspruch:

Wenn schon tiefe Gedanken –

dann auf hohem Niveau.

□□□

Freudentränen

haben den gleichen Salzgehalt

wie Tränen des Leides.

Menschen, die wir ins Herz
geschlossen haben, sollte wir nie
wie Gefangene behandeln.

□□□

Einfühlungsvermögen
lässt sich nicht umverteilen.

□□□

Ein zündender Gedanke
leuchtet,
aber er wärmt nicht.

□□□

Bienen halten
alle Menschen
für bestechlich.

Herzlichkeit ist Liebe

im weitesten Sinn des Wortes.

□□□

Mit den allerbesten Freunden

kann ein Abend länger dauern

als eine Nacht.

□□□

Nicht alles,

was falsch ist,

ist verkehrt.

□□□

Das Interessanteste

an manchen Leuten

sind ihre Schwachstellen.

Vorsicht:

Wer uns im Nacken sitzt,

kann uns leicht

in den Rücken fallen.

□□□

Wer kopflos handelt,

verliert an Ansehen

und sein Gesicht.

□□□

Bildungsmisere:

An eine geistige Grundsicherung

ist nicht gedacht.

□□□

Wenn man auf der Verliererstraße

einige überholt – zählt man dann

schon zu den großen Gewinnern?

Wer sich oft und gerne ärgert,

hasst mehr vom Tag.

□□□

Wer vordenkt,

ist seiner Zeit voraus.

□□□

Menschen mit einem

Heiligenschein haben viel zu tun:

Sie müssen sich selbst ins rechte

und andere ins falsche Licht rücken.

□□□

Gedanken, die uns

durch den Kopf schießen,

sollten wir nur auf Bewährung

freilassen.

Bäume können mehr

als wir Menschen:

Sie können in die Erde

und in den Himmel wachsen.

□□□

Das Weltbild mancher Leute

passt auf einen Bierdeckel.

□□□

Manche hätten mich gerne anders,

aber dann wäre ich nicht mehr ich.

□□□

Die Dreck am Stecken haben,

kümmern sich meistens

einen Dreck darum,

ob es anderen

ihretwegen dreckig geht.

Fehlende Entscheidungen

sind auf Dauer

folgenschwerer

als Fehlentscheidungen.

□□□

Wenn du merkst,

dass du im Kreis gehst,

geh einfach nicht mit!

□□□

Will man ein Problem

in den Griff bekommen,

muss man es anpacken.

□□□

Macht man etwas gern,

lässt sich mehr daraus

machen.

Menschen

mit einer langen Leitung

kommen oft zu kurz.

□□□

Mitläufern ist es egal,

in welche Richtung es geht.

□□□

Das Gefühl,

dass es bergab geht,

ist alles andere als aufbauend.

□□□

Ob man einen Traum

verwirklichen will,

sollte man erstmal

überschlafen.

In der heutigen Zeit

ist es besonders wichtig,

nicht nur an heute zu denken.

□□□

Träume, die schlafen,

muss man wecken,

sonst verschläft man sie.

□□□

Ohne Niederlagen

wären unsere Siege

nichts wert.

□□□

Gewisse Leute

fühlen sich immer

bevorzugt benachteiligt.

Wer keine Hemmungen kennt,

kennt auch kein

schlechtes Gewissen.

□□□

Beziehungsproblem:

Mein innerer Schweinehund

versteht sich mit meinem Vogel

überhaupt nicht.

□□□

Ich bewundere meine Uhr –

sie hat die Ruhe weg.

□□□

Wenn wir uns nach den

10 Geboten richten,

stimmt die Richtung.

Der gesunde Hausverstand

hat leider bei vielen Zeitgenossen

Hausverbot.

□□□

Ist es nicht komisch,

dass uns immer mehr Zeitgenossen

komisch vorkommen?

□□□

Für ein Ziel, das wir

um jeden Preis erreichen wollen,

nehmen wir jeden Weg in Kauf.

□□□

Bei rücksichtslosen Menschen

kann man nicht vorsichtig

genug sein.

Manche Menschen gehen uns
aus dem Weg, sobald wir
unseren eigenen Weg gehen.

□□□

Ein Rückschritt
ist ein verkehrter Fortschritt.

□□□

Bei Menschen,
die keinen Wein trinken,
weiß man nicht, ob sie
den Wein oder die Wahrheit
nicht vertragen.

□□□

Für Ausredenerfindungen
gibt es kein Patentrecht.

Es ist besser,

seine Meinung zu ändern,

als keine zu haben.

☐☐☐

Wer in sich gehen will,

muss allein gehen.

☐☐☐

Jede Zeit hat ihre

ungeschriebenen Gesetze,

an die sich fast alle halten.

☐☐☐

Neunmalkluge, die nicht bis drei

zählen können, zählen nicht

zu den Intelligentesten.

Die Stille benutzt eine Stimme,

die nur das Herz und die Seele

hören können.

☐☐☐

Das Lachen mancher Leute

ist alles andere als lustig.

☐☐☐

Der gesunde Menschenverstand

weiß vieles,

ohne es lernen zu müssen.

☐☐☐

Die galoppierende

Politikverdrossenheit

ist auch eine Folge dessen,

dass zu viele Politiker

auf dem hohen Ross sitzen.

Irgendwo

hört jeder Weg auf.

□□□

Lassen wir uns gehen,

gehen wir oft zu weit.

□□□

Ein Mensch, der erwartet,

enttäuscht zu werden,

ist auch enttäuscht,

wenn er es nicht wird.

□□□

Manche Leute

sind so kleinlich,

dass ihnen sogar

das Kleinkarierte

noch zu groß vorkommt.

Lebensfreude ist Rückenwind

für unseren Alltag.

□□□

Die vor uns sind,

sind leichter zu überholen als jene,

die über uns sind.

□□□

Einzeln

gelingen uns Überraschungen,

gemeinsam

wirken wir Wunder.

□□□

Der erhobene Zeigefinger

ist kein zielführender Wegweiser.

Ist es unhöflich, jemandem noch

während eines Gespräches

das Wort im Mund umzudrehen?

□□□

Sollte die Liebe zur Natur

nicht etwas Natürliches sein?

□□□

Starke Zuneigung

ist ein Weichmacher

für die Schwächen eines Menschen.

□□□

Wer und was uns im Magen liegt,

sitzt uns wenigstens nicht mehr

im Nacken.

Was uns zu Herzen geht,

hat die Gefühlsebene erreicht.

□□□

Die Liebe kennt viele Spielarten,

aber man sollte sich trotzdem

nicht mit ihr spielen.

□□□

Selbstüberschätzung

wird oft unterbewertet.

□□□

Ehrliche Menschen

können sich die Arbeit,

anderen Honig

ums Maul zu schmieren,

sparen.

Die Zeit erneuert sich

in und mit jedem Augenblick.

□□□

Ein Weg,

der nicht mehr weiter führt,

führt zurück.

□□□

Für Dummheiten ist man

nie zu alt, höchstens zu altklug

oder zu altersweise.

□□□

Schön langsam

komme ich zur Einsicht,

dass auch langsam

schön sein kann.

Die Wahrheit liegt

nicht nur im Wein,

aber viele denken sich:

sicher ist sicher.

□□□

Andersdenkende

irren anders.

□□□

Sehen wir es doch positiv:

Der innere Schweinehund

verursacht keine Tierarztkosten.

□□□

Die Lieblingsspeise vieler Egoisten:

das eigene Süppchen.

Alle großen Sieger

sind ehemalige Verlierer.

□□□

Sagt eine kleine Mücke

zu ihren Eltern:

Wenn ich groß bin,

möchte ich ein Elefant werden.

□□□

Manche Leute

geben ihr Unwissen

gerne weiter.

□□□

Nicht jeder,

der mit uns reden will,

will uns auch zuhören.

Wer nichts versäumen will,

muss alles mitmachen.

□□□

Wer sich selbst lobt,

darf sich keinen Dank dafür

erwarten.

□□□

Männer sind normalerweise

nicht besonders nachtragend,

höchstens sie begleiten

ihre Frau beim Einkaufen.

□□□

Die einen hören so,

die anderen verstehen so.

Wer sich gern unterhalten lässt.

braucht weniger reden.

□□□

Die Einsicht,

dass das Leben endlich ist,

sollte zur Folge haben,

dass wir endlich

unser Leben leben.

□□□

Der Hass liebt

Wiederholungstäter.

□□□

Möchte ich

auf andere Gedanken kommen,

lese ich die Gedanken anderer.

Manchen Leuten

mangelt es an nichts,

außer an Zufriedenheit.

□□□

Wer Enttäuschungen liebt,

wird selten enttäuscht.

□□□

Wer keine eigene Meinung hat,

ist dagegen und dafür.

□□□

Die auf dem hohen Ross sitzen,

setzen ihren Kopf durch,

wenn sie fest im Sattel sitzen.

Lobende Worte

sind immer leiser

als Worte des Tadels.

□□□

Wer anderen hilft,

stärkt seine Stärken.

□□□

In der Wirtschaft

hat alles seinen Preis:

Gewinne genauso wie Verluste.

□□□

Wer eine Lüge durchschaut,

sieht die Wahrheit

mit anderen Augen.

Gedenkminuten sind nie
verlorene Zeit.

□□□

Ein Weg fragt nicht
nach dem Ziel,
ein Ziel fragt nicht
nach dem Weg.

□□□

Manche Ausreden fallen
sofort auf, weil sie einfach
viel zu gut sind.

□□□

Mit allen Sinnen leben,
das ist Leben im 5. Gang.

Gleichmacherei macht

jeder Vielfalt

ein schnelles Ende.

ㅁㅁㅁ

Gedankenlosigkeit

macht geistlos,

Lieblosigkeit

macht gefühllos.

ㅁㅁㅁ

Nicht jede Versuchung

ist einen Versuch wert.

ㅁㅁㅁ

Wer sich selbst ein Bein stellt,

weiß, wem er zu danken hat.

Andere lächerlich zu machen

ist kein Spaß, das ist

ein armseliger Humor.

◻◻◻

Die Zeiten ändern sich,

die Menschen weniger.

◻◻◻

Was man versteht,

kann man leichter tolerieren.

◻◻◻

Man kann nicht alle Menschen

gleich behandeln,

weil jeder Mensch

eine andere Behandlung braucht.

Wer nichts tut, kann damit

alles richtig, aber auch

alles falsch machen.

□□□

Grenzenloser Egoismus

lässt für Nächstenliebe

keinen Spielraum.

□□□

Mitläufer werden gefährlich,

wenn sie zu Mittätern werden.

□□□

Die auf dem hohen Ross sitzen,

sitzen auch liebend gern

in einem großen Auto.

Wer anders denkt,

tickt auch anders.

◻◻◻

Wenn man neben sich steht –

muss man da auch

2 Meter Abstand halten?

◻◻◻

Im Umgang mit Menschen,

die man nicht leiden kann,

sind Beleidigungen wenig hilfreich.

◻◻◻

Ein erfülltes, traumhaft schönes

Leben ist auch dann möglich,

wenn sich nicht alle Träume

erfüllen.

Einer großen Persönlichkeit

ist nichts zu klein.

□□□

Will man Berge besteigen,

will man sie gar nicht mehr

versetzen.

□□□

Beim Kalorienzählen haben

sogar berechnende Menschen

große Probleme.

□□□

Will uns

jemand missverstehen,

ist es eigentlich egal,

was wir sagen.

Die Wahrheit braucht ihre Zeit,

die Lüge ist oft schneller

unterwegs.

□□□

Ein Zweifel

ist zum Nachdenken da,

nicht um daran zu verzweifeln.

□□□

Glück verlangt einen

behutsamen Umgang,

es hängt oft am seidenen Faden.

□□□

Im Kopf kleinkariert Denkender

dreht sich alles

um die Einordnung in Schubladen.

Auch die das Sagen haben,

haben oft nichts Wichtiges

zu sagen.

□□□

Für ein gutes Gewissen

genügt es nicht,

nichts zu tun.

□□□

Wir dürfen den Zufall

nicht dem Zufall überlassen –

sonst macht er mit uns,

was er will.

□□□

Krisen sind auch Teststrecken

für den gesunden Hausverstand.

Wer sich etwas einreden möchte, sollte es einfach mit einem Selbstgespräch probieren.

□□□

Die menschlichen Abgründe werden immer tiefer.

□□□

Verantwortung
beginnt mit Denken.

□□□

Gemessen an ihren Taten,
sind manche Leute
schon sehr lange
im Standby-Modus.

Wer auf ein Lob wartet,

muss viel Zeit zum Warten

haben.

□□□

Richtigstellung:

Ein Verlaufen

ist noch kein Vergehen.

□□□

Im Zeitalter der Zahlen

spielen Worte

nur Nebenrollen.

□□□

Für manches

nimmt man sich nur Zeit,

damit die Zeit vergeht.

Wenn ich groß bin,

sprach das kleine Übel,

möchte ich

ein ganz großes werden.

□□□

Welches Schwimmabzeichen

muss man vorweisen,

wenn man gegen den Strom

schwimmen möchte?

□□□

Wer die Dummheit unterschätzt,

läuft Gefahr, irgendwann

für dumm verkauft zu werden.

□□□

Die Witze mancher Leute

sind nicht humorrelevant.

Unter den schönen Menschen

gibt es ungeheuer schöne

und schöne Ungeheuer.

□□□

Was uns gestohlen bleiben kann,

hat jegliche Anziehungskraft

verloren.

□□□

Navi-Weisheit:

Alle Wege führen

zu einer Autobahn.

□□□

Selbstbewusste Menschen

sind selten so, wie sie andere

gerne hätten.

Glück allein macht
noch keinen glücklichen
Menschen.

□□□

Wer Dummheiten sät,
kann sofort mit der Ernte
anfangen.

□□□

Lügen wollen nur eins:
von der Wahrheit ablenken.

□□□

Hinterlistige Menschen
haben viele Hintergedanken
und wissen, wo die
Hintertüren sind.

Viele Menschen denken

weniger als sie denken.

□□□

      Was aus dem Herzen kommt,

      kann der Kopf nicht so leicht

           zur Seite schieben.

□□□

Wer mit den Verkehrten

verkehrt, hätte eine Umkehr

dringend notwendig.

□□□

Es sind immer die Gleichen,

die der Gleichmacherei

den Weg freimachen.

Worte einen,

Worte trennen.

□□□

Dass wir miteinander reden,

heißt noch nicht,

dass wir einander zuhören.

□□□

Doppelwirkung:

Wer uns auf den Geist geht,

geht uns meistens auch

auf die Nerven.

□□□

Holzwege sehen

auf den ersten Blick

immer sehr natürlich aus.

Unmenschlichkeit

ist ein Krebsgeschwür

der Menschheit.

□□□

Lügen gehen mit der Zeit

an der Wahrheit

zugrunde.

□□□

Im Kopf existiert

keine Gürtellinie.

□□□

Schwachsinn

versteckt sich gerne

hinter starken Worten.

Wer seine Grenzen nicht kennt,

kann nicht über sie

hinauswachsen.

□□□

Wir brauchen Selbstachtung,

damit unser Selbstvertrauen

wachsen kann.

□□□

Gesundes Selbstvertrauen

entspringt dem Mut zu sich selbst

und mündet in die Toleranz

gegenüber anderen.

□□□

In rosigen Zeiten nimmt man

auch Dornen in Kauf.

Muss man sich heutzutage

bereits Sorgen um die Zukunft

der Zukunft machen?

□□□

Der Humor mancher Leute

wirkt wie eine Spaßbremse.

□□□

Wenn das Herz etwas

für richtig hält,

lässt es sich vom Kopf

nicht mehr aufhalten.

□□□

Wer wenig zu sagen hat,

verliert oft viele Worte

darüber.

Der Verstand zählt bei vielen

nicht zu den besten Freunden.

□□□

Das Schwierigste an der Suche

nach der Nadel im Heuhaufen,

ist heutzutage

die Suche nach einem Heuhaufen.

□□□

Geduld ist nicht so wichtig,

wenn man genug Ausdauer hat.

□□□

Überflüssiges hat nie

so viel Bedeutung,

wie es scheint.

Wer die richtigen Fragen stellt,

bekommt leichter

hilfreiche Antworten.

□□□

Im Gehirn zahlreicher Zeitgenossen

hat der Hausverstand

überhaupt keinen Platz.

□□□

Wer sich immer zurückhält,

kommt nur langsam voran.

□□□

Auf die Vergangenheit

ist mehr Verlass

als auf die Zukunft.

Viele Menschen

sind in der Theorie

viel menschenfreundlicher

als in der Praxis.

□□□

Es würden bestimmt

viel mehr Leute in sich gehen,

wenn man dorthin

mit dem Auto fahren könnte.

□□□

Dass der Mensch von Natur aus

gut sei, ist natürlich

eine künstliche Übertreibung.

□□□

Glück kann übermütig machen,

Unglück schwermütig.

Übertreibungen

haben den Vorteil,

dass sie nur schwer

zu überhören sind.

□□□

Aufgeblasene Zeitgenossen

fürchten bohrende Fragen

zu Recht.

□□□

Jede Seelenlandschaft

hat auch Wüsten und Oasen.

□□□

Waschlappen werfen

das Handtuch bereits,

wenn ein paar Wolken

aufziehen.

Dass jeder Erwachsene weit mehr als

ein Kilogramm Gehirn hat,

ist bei manchen Leuten

fast nicht zu glauben.

□□□

Im Tal des Jammerns

sind die Aussichten

immer schlecht.

□□□

Hintergedanken wollen nicht,

dass sie hinterfragt werden.

□□□

Vom glücklichen Zufall

können wir nicht verlangen,

dass er gerecht sein soll.

Unser Schatten

ist in puncto Treue

eine Lichtgestalt.

□□□

Je mehr wir wissen,

desto mehr können wir

vergessen.

□□□

Lieblingsmöbelstück aller,

die immer alles auf morgen

und übermorgen verschieben:

die lange Bank.

□□□

Wer sich gerne Sorgen macht,

hat immer welche.

Wer in die Luft geht,

weiß nicht,

wie dort das Wetter ist.

□□□

Was uns nicht in den Kopf

gehen will,

gibt Anlass zum Denken.

□□□

Ist Dummheit eine Art

negative Intelligenz?

□□□

Wer in seiner

Vergangenheit sucht,

findet immer wieder einmal

Altlasten.

Der Computer nimmt uns

einiges an Arbeit ab,

aber nur, wenn wir viel

mit ihm arbeiten.

□□□

Gefühle lenken

vom Denken ab.

□□□

Wir sollten uns

nicht mehr Sorgen machen,

als uns guttut.

□□□

Wer kopflos handelt,

hat wahrscheinlich bereits

seinen Verstand verloren.

Dass Irren menschlich ist,

heißt nicht, dass die Wahrheit

unmenschlich wäre.

□□□

Manche Leute sind

unbrauchbar gescheit.

□□□

Das Glück hat manchmal

das Pech, dass es nicht

als solches wahrgenommen

wird.

□□□

Wer zu wissen glaubt,

wo es langgeht,

sollte diesen Weg auch mitgehen.

Vorwarnung:

Irgendwann gehen uns

die Ausreden aus.

□□□

Das Schweigen fällt leichter,

wenn man genau weiß,

worüber.

□□□

Jeder ist gescheit genug,

um sich für gescheiter

zu halten.

□□□

Manche Politiker

reden wie ein Buch –

wie ein Parteibuch.

Unsere Vorfreude

sollte nicht zu lange dauern,

weil sie sonst langweilig wird.

□□□

Hinterher steht man immer

gescheiter oder dümmer da –

kommt auf die Ausgangslage

an.

□□□

Ansätze haben das Denken

noch vor sich,

Merksätze haben es schon

hinter sich.

□□□

Wissen ist Macht,

Geld ist mächtiger.

Sensible Menschen

fühlen sich leichter rein

als raus.

□□□

Wer alles kleinredet,

leidet höchstwahrscheinlich

unter Größenwahn.

□□□

Es ist ein großer Unterschied,

ob man ein einfaches Leben

führen will oder führen muss.

□□□

Wer leicht in die Luft geht,

tut sich schwer,

das innere Gleichgewicht

zu halten.

Wer gegen den Strom

schwimmt,

kommt nicht ans Ruder.

□□□

Ein Bauchgefühl,

das nichts Gutes verheißt,

liegt uns oft schwer im Magen.

□□□

Werte haben

ihren bestimmten Wert,

aber sie sind nicht gleichwertig.

□□□

Es sind immer wieder

die gleichen Menschen,

die behaupten, dass

alle Menschen gleich sind.

Was ans Licht kommt,

lässt sich nicht mehr

unter den Teppich kehren.

□□□

Kann es sein,

dass manche Leute im Hirn

so eine Art Kapierschutz

eingebaut haben?

□□□

Auch Irrtümer

können uns weiterhelfen.

□□□

Wer Ordnung hält,

hat immer

etwas zum Anhalten.

Umgängliche Menschen

mögen es überhaupt nicht,

wenn man sie umgeht.

□□□

Wenn jeder Mensch bekommen

würde, was er verdient,

würden viele leer ausgehen.

□□□

Was uns einen Wutanfall

wert ist, kommt uns meistens

teuer zu stehen und

kostet uns jede Menge Nerven.

□□□

Je kleiner das Gedankenvolumen,

desto größer

die Vorurteile.

Der große Dachschaden

mancher Leute bedeutet

eigentlich nur

einen kleinen Sachschaden.

□□□

Das Herz lenkt.

Der Verstand lenkt ein.

□□□

Vom Sinn zum Unsinn

ist es oft nur

ein kleiner Schritt.

□□□

Dass Gedanken etwas

Schönes sein können,

ist durchaus

ein schöner Gedanke.

Etwas Verrücktes zu machen,

ist auch eine gute Möglichkeit,

sich besser kennen zu lernen.

□□□

Das Lachen über Lächerliches

macht keinen Spaß.

□□□

Wer sein Gehirn

vor Gedanken schützen will,

muss sich viele Gedanken

darüber machen.

□□□

Wer übersehen wird,

wird meistens auch gleich

übergangen.

Wer ganz bei sich ist,

ist schon sehr weit

gekommen.

◻◻◻

Unsere Weltanschauung

sieht uns ähnlich.

◻◻◻

Ein Vielleicht hält oft nicht,

was man sich

von ihm verspricht.

◻◻◻

Wenn man sich

miteinander langweilt,

arbeitet da man nicht

eigentlich gegeneinander?

Weitreichende Ziele

verlangen meistens lange

und schwierige Wege.

□□□

Für seichte Menschen

sind tiefe Gefühle

etwas Bedrohliches.

□□□

Was üblich ist,

muss nicht logisch sein.

□□□

Bei so manchen Zeitgeistjüngern

scheint die Geistesabwesenheit

ein Dauerzustand zu sein.

Die gefühlte Zeit

bevorzugt eine eigene

Zeitrechnung.

□□□

Eine Umkehr ist erst möglich,

wenn wir umdenken können.

□□□

Durchgedrehte Menschen

sind meistens interessanter

als abgestumpfte.

□□□

Solange es höchste Zeit ist,

ist es noch nicht zu spät.

Nimm dir Zeit,

für das Zeit zu haben,

was dich glücklich macht.

◻◻◻

Höflich können wir

zu vielen sein,

herzlich nur zu wenigen.

◻◻◻

Für logisches Denken

halten sich viele

für viel zu intelligent.

◻◻◻

Wo wenig nachgedacht wird,

wird viel geredet.

Herzensgute Menschen

haben manchmal

keine gute Menschenkenntnis.

□□□

Wer seines Glückes Schmied

sein will, muss gelegentlich

auch heiße Eisen anpacken.

□□□

Es geht meistens schief,

wenn Tiefbegabte

hoch hinauswollen.

□□□

Was wir nicht sehen wollen,

geht irgendwann ins Auge.

Annehmlichkeiten

sind nicht automatisch auch

Glücksbringer.

□□□

Wer eine lange Leitung hat,

neigt wenigstens nicht

zu Kurzschlussreaktionen.

□□□

Nächstenliebe beginnt

mit der Menschlichkeit.

□□□

Es ist eigentlich

nur eine Frage der Zeit,

bis es dreizehn schlägt,

wenn es schon fünf nach zwölf war.

Es gibt Hinweise darauf,

dass manche Leute glauben,

sie hätten immer recht.

□□□

Wenn Irren menschlich ist,

wieso gibt es dann nicht mehr

Menschlichkeit?

□□□

Der Mensch

richtet sich nach der Uhr,

die Natur nach der Zeit.

□□□

Stehen große Veränderungen

ins Haus, sind alle Hintertüren

verschlossen.

Die Sterne entfernen sich
zunehmend voneinander.
Warum sollte es bei den
Erdenbürgern anders sein?

□□□

Solange man seinen Senf dazugibt,
ist einem noch nicht alles wurscht.

□□□

Was wir geschafft haben,
verschafft uns
Raum für Neues.

□□□

Das Ziel wartet
am Ende des Weges,
nicht am Anfang.

Viele Menschen sind mit
ihrem Verstand zufriedener
als wie mit ihrem Leben.

◻◻◻

Wer mehr hin- und zuhört,

versteht auch mehr.

◻◻◻

Wir haben es selbst in der Hand,
ob uns jemand
um den kleinen Finger
wickeln darf oder nicht.

◻◻◻

3 Freunde, die uns immer
weiterhelfen:
Hirn, Herz und Humor.

Es ist gut zu wissen,

was man besser

nicht macht.

□□□

Gute Menschen haben

viele Freunde, aber nur

wenig gute.

□□□

Wer die Wahrheit fürchtet,

dem bietet die Lüge

eine Heimat an.

□□□

Was uns lange durch den Kopf

gegangen ist,

lässt sich nicht mehr

so einfach wegdenken.

Wer sich entfalten will,

muss sich Raum geben

und Zeit nehmen.

□□□

Kopfschütteln

macht noch keinen Denker.

□□□

Hat man seine Mitte gefunden,

verlieren Äußerlichkeiten

an Bedeutung.

□□□

Wer über das stolpert,

was hinter ihm liegt,

ist in falscher Richtung

unterwegs.

Ist die menschliche Dummheit

eigentlich bereits

als Weltkulturerbe anerkannt?

□□□

Gedankenlosigkeit

äußert sich gerne

in Form leeren Geredes.

□□□

Vieles wissen ist gut –

vieles lieben ist besser.

□□□

Für eine Bauchlandung

braucht man

keine Landeerlaubnis.

Wer mit vielen übereinstimmen will,

darf nur wenige Forderungen stellen.

□□□

Ist eine Beziehung

eine Interessensgemeinschaft,

ist sie am und zu Ende, sobald sich

die Interessen ändern.

□□□

Ein Schönheitsfehler

muss kein Fehler sein.

□□□

Man verliert viel Zeit,

wenn man der verlorenen Zeit

nachläuft.

Fällt man in alte Fehler zurück,

trifft man viele alte Bekannte.

□□□

Es ist wesentlich leichter,

aus Mücken Elefanten zu machen,

als umgekehrt.

□□□

Wer dankbar und zufrieden ist,

hat mehr von dem,

was er hat.

□□□

Zwischenmenschliche Wärme

braucht die menschliche Nähe.

BUCHTIPP

Herztöne: Gedichte und Gedanken

*Ernst Ferstl, BOD 2020, Hardcover, 124 Seiten,
18 Euro, ISBN: 9783749480296*

NEUE SICHTWEISE

Mit den Augen

der Hoffnung

sehen wir weiter.

Mit den Augen

des Herzens

sehen wir tiefer.

Mit den Augen

der Liebe

sehen wir weiter

und tiefer.

Menschen,

die es verstehen,

uns zu verstehen,

sind Geschenke

des Himmels.

Eine harmonische

Beziehung braucht

eine Mischung

von Geborgenheit

und Freiheit.

AKTUELLE ERNST FERSTL APHORISMENBÄNDE:

2014: **"Ausgedrückte Eindrücke"**, BOD

2015: **"Punktgenau"**, BOD

2017: **"Wenn ein Wort sitzt, kann man es stehen lassen"**, Bellaprint V.

2018: **"Andenken"**, BOD

2018: **"Denkwege"**, BOD

2019: **"Denkworte"**, BOD

2019: **"Übrigens"**, BOD

2020: **"Standpunkte"**, BOD

2020: **"Sozusagen"**, BOD

2021: **"Randnotizen"**, BOD

ERNST FERSTL

HP: www.gedanken.at   E-Mail: ernstferstl@aon.at

Geb. 1955 in Neunkirchen (Niederösterreich),
lebt mit seiner Familie in Zöbern/Bucklige Welt,
Lehrer an der HS und NMS in Krumbach,
in Pension.

Schreibt Aphorismen, Gedichte und Kurztexte.

Veröffentlichte bisher mehr als 30 Bücher
in österreichischen und deutschen Verlagen.